글·그림 옥타비오 핀토스

아르헨티나의 어린이책 작가이자 저널리스트예요. 넘치는 호기심으로 세상으로 관찰하고, 이를 책으로 만들지요. 동료이자 친구인 마르틴 야누치와 함께 디자인 에이전시를 운영하고 있어요.
국내에 소개된 책으로는 『하늘을 날면서 잠을 잔다고?』 『하루의 절반을 먹는 데 쓴다고?』가 있어요.

글·그림 마르틴 야누치

아르헨티나의 어린이책 작가이자 일러스트레이터예요. 새롭게 알게 된 것들을 글과 그림으로 기록하는 걸 좋아해요. 이번에는 옥타비오 핀토스와 함께 다양한 동물에 대해 열심히 탐구해 보았어요.
국내에 소개된 책으로는 『하늘을 날면서 잠을 잔다고?』 『하루의 절반을 먹는 데 쓴다고?』가 있어요.

옮김 윤승진

한국외국어대학교 스페인어과를 졸업 후 동 대학 통번역대학원 한서과를 졸업했어요. 현재 엔터스코리아 스페인어 전문 번역가로 활동 중이에요.
번역한 책으로는 『하루의 절반을 먹는 데 쓴다고?』 『지능의 역사』 『슈퍼우먼 슈퍼 발명가』 『프레디』 『세포가 뭐예요?』 『반슈타인 클럽의 비밀』 『숲속 금화 전쟁』 『페미니스트 프리다 칼로 이야기』 등이 있어요.

동물의 세계와 동물 보호에 관심이 많은 모든 이에게

이 책을 바칩니다.

킨더랜드 지식놀이터

동물마다 특별한 사냥법이 있다고?　글·그림 옥타비오 핀토스, 마르틴 야누치 옮김 윤승진

초판 1쇄 펴낸날 2023년 9월 5일
펴낸이 김병오 **편집장** 이향 **편집** 김샛별 안유진 조웅연 **외주디자인** 백현아 **디자인** 정상철 배한재
홍보마케팅 한승일 이서윤 강하영
펴낸곳 (주)킨더랜드 **등록** 제406-2015-000037호 **주소** 경기도 파주시 회동길 512 B동 3F
전화 031-919-2734 **팩스** 031-919-2735
ISBN 979-11-7082-022-2 77490
제조자 (주)킨더랜드 **제조국** 대한민국 **사용연령** 6세 이상

CAZADORES
By Octavio Pintos & Martín Iannuzzi
Copyright © Mosquito Books Barcelona, S.L., 2023
Korean translation copyright © KINDERLAND, 2023
All rights reserved.
Korean translation rights arranged with Mosquito Books Barcelona, S.L. through Orange Agency

동물마다 특별한 사냥법이 있다고? ⓒ 옥타비오 핀토스, 마르틴 야누치 2023
• 이 책의 한국어판 저작권은 오렌지 에이전시를 통해 저작권자와 독점 계약한 킨더랜드에 있습니다.
• 신저작권법에 의해 한국 내에서 보호를 받는 저작물이므로 무단 전재와 복제를 금합니다.

동물마다 특별한 사냥법이 있다고?

• 동물 사냥에 관한 모든 것 •

글·그림 옥타비오 핀토스, 마르틴 야누치 | 옮김 윤승진

킨더랜드

관찰하고 발견하기

지구에 사는 동물들은 육지와 바다, 하늘을 누비며 살아요.
야생에서 살아남기 위해 혼자서, 혹은 무리를 이루어 서로 쫓고, 쫓기면서 무시무시한 사냥꾼이 되었어요.

동물의 왕국에서 각각의 동물들은 먹이를 사냥하는 자기만의 방식을 개발했어요.
동물들이 먹이를 구하는 방식은 매우 다양하며,
서식 환경이나 몸의 크기, 감각의 발달 정도, 생활 방식 등과 관련이 있어요.

여러분은 이 책에서 지구 이곳저곳에서 살아가는 수많은 동물을 만나게 될 거예요.
사실 우리 지구에는 이미 발견된 종과 앞으로 발견될 종이 셀 수도 없이 많아서,
그들의 이야기를 책 한 권에 담는다는 건 불가능할 정도랍니다.

차례

- **06-07** 관찰하고 발견하기 / 차례 / 이 책 읽는 방법 / 더 많은 정보
- **08-09** 전갈
- **10-11** 늑대
- **12-13** 범고래
- **14-15** 독수리
- **16-17** 북극곰
- **18-19** 인도코브라
- **20-21** 태즈메이니아데블
- **22-23** 전기뱀장어
- **24-25** 표범
- **26-27** 왜가리
- **28-29** 사마귀
- **30-31** 침팬지
- **32-33** 물범
- **34-35** 쥐
- **36-37** 물총새
- **38-39** 잠자리
- **40-41** 황새치
- **42-43** 까마귀
- **44-45** 해달
- **46-47** 카멜레온
- **48-49** 살기 위해서는 모두가 사냥꾼 / 이 책을 읽고 더 많은 게 궁금해졌나요?

이 책 읽는 방법

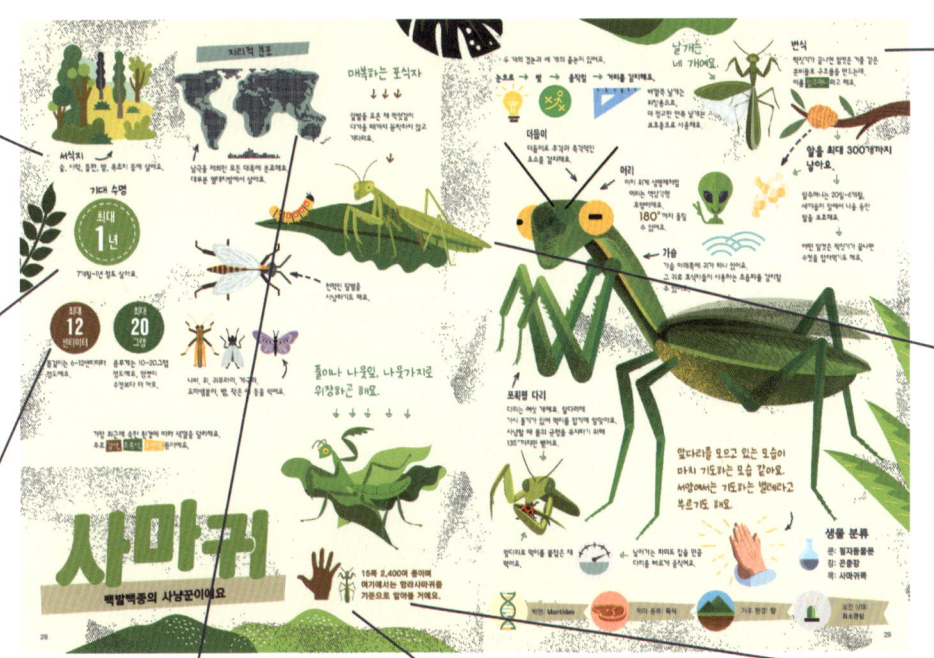

서식지
어떤 환경에서 사는지 알 수 있어요.

기대 수명
평균적으로 살 수 있는 수명이에요.

치수
동물 종의 크기, 무게, 키, 그 밖에 구체적인 특징을 나타내요.

번식
자손을 낳고 기르는 방법이에요.

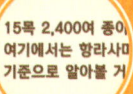
사냥법
동물이 어떻게 먹이를 사냥하는지 알 수 있어요.

지리적 분포
어느 지역에 분포하는지를 지도에 다른 색으로 표시했어요.

인체와 비교
키가 170센티미터인 사람과 크기를 비교해요.

관련 정보
동물에 대한 다양한 정보를 속속들이 담았어요.

더 많은 정보

생물 분류

문
생물을 체계에 따라 분류하는 범주를 말해요.

강
문은 해당 생물에 가장 일반적으로 나타나는 특징에 따라 강으로 나뉘어요.

목
개체 간에 일반적으로 나타나는 특징을 바탕으로 하지만, 강에 비해 훨씬 구체적이에요.

보전 상태

최소관심
멸종 위험이 없다고 여겨지는 동물이에요.

취약
멸종 위기에 빠질 가능성이 높은 동물이에요.

위기
멸종 위기에 빠진 동물이에요.

먹이 종류

잡식
동물과 식물을 가리지 않고, 다 먹는 동물이에요.

육식
동물을 먹는 동물이에요.

학명

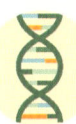
살아있거나 멸종한 모든 생물에 붙인 학문적 이름이에요. 라틴어로 표기해요.

거주 환경

하늘
날아다니는 동물이에요.

물
바다, 호수, 강 등에서 사는 동물이에요.

땅
땅에서 사는 동물이에요.

땅과 물
땅과 물을 오가며 사는 동물이에요.

다리는 집게 모양의 더듬이다리 두 개와 걷는 다리 여덟 개로 이루어져 있어요.

곤충이 아니에요. 거미나 진드기 같은 거미강이랍니다.

밤에 먹이를 사냥해요. 집게 모양 다리로 먹잇감을 붙잡은 뒤 꼬리에 달린 독침을 찔러요.

→ 집게 모양 다리 ←
톱니가 달린 집게 모양이에요.

← 협각

밤사이 몸이 얼어붙어도 아침이 되면 따뜻한 햇볕에 몸이 녹아 아무 문제 없이 움직일 수 있어요.

외골격은 키틴질이라는 물질로 이루어져 있어요. 단단한 구조라서 몸을 보호하면서 움직일 수 있어요.

잘게 쪼개진 먹이를 녹여 위장으로 흡수해요.

입 앞에 작은 다리같은 모양의 협각으로 먹이를 갈가리 찢어 삼키고 장에서는 소화액이 분비돼요.

두흉부 ↓

몸통의 앞부분으로, 눈과 뇌, 협각이 있어요. 여덟 개의 다리가 두흉부를 지지해요.

복부 ↓

내장과 생식기, 꼬리, 독침이 있는 부분이에요. 여러 개의 몸마디로 연결되어 있어 유연하게 움직일 수 있어요.

↑ 다리

가장 큰 종
23센티미터

가장 작은 종
12센티미터

매우 기회주의적인 포식자예요. 사람도 해칠 수 있지요.

독침

꼬리 끝에 달린 침에는 독이 있어요. 독침은 자신을 방어하거나 먹이를 사냥하는 데 활용해요.

← 꼬리
수컷 꼬리가 더 길고 가늘어요.

기대 수명

최대 **25년**
6개월~25년 정도 살아요.

최대 **30 그램**
몸무게는 최대 30그램 정도예요.

최대 **23 센티미터**
몸길이 최대 23센티미터 정도로 종에 따라 몸길이가 다양해요.

약 4억 년 전부터 지구에서 살았어요. 공룡과 함께 살던 시절도 있었지요.

전갈

꼬리 끝에 달린 독침으로 먹이를 마비시켜요

세계적으로 2,000종이 넘는다고 알려졌어요. 이 중 인간에게 치명적인 독을 가진 종은 30-40종에 불과해요.

곤충을 먹고 살아요. 거미, 달팽이, 도마뱀, 뱀, 설치류뿐만 아니라 다른 종의 전갈까지 먹어요.

먹이가 부족할 때는 신진대사를 늦추는 능력이 있어요.

산소 소비를 줄이며 신진대사를 늦춰요. 일 년 동안 곤충 한 마리만 먹어도 버틸 수 있어요. 신진대사가 느려도 먹이 사냥은 백발백중이랍니다.

번식

더운 계절에 번식해요.

암컷은 페로몬을 분비해 수컷을 유인해요. 수컷은 집게 모양 다리로 암컷을 붙들어요.

암컷은 알을 품어요.

종에 따라 난생, 난태생으로 나뉘며 임신 기간은 5-10개월 정도예요.

종에 따라 한두 마리에서 많게는 백 마리까지 새끼(알)를 낳아요. 새끼가 스스로 먹이를 잡을 수 있을 때까지 등에 업고 다녀요.

몸 색깔은 서식 환경에 따라 다양해요. 노란색부터 밝은 갈색, 어두운 갈색, 검은색도 있어요.

사막

빠르게 기어 다닐 수 있고 오랫동안 물을 먹지 않고도 견딜 수 있어요.

바위가 많은 지역

바위에 난 구멍과 틈 사이를 잘 다닐 수 있는 평평한 골격을 가지고 있어요.

땅굴
땅굴을 만들거나 땅 밑으로 다녀요. 먹이를 사냥할 때나 번식할 때만 땅 위로 올라오지요.

먹이를 잡을 수 있을 때까지 움직이지 않고 숨어 있어요.

- 땅의 진동으로 먹이의 위치를 파악해요.
- 곤충이 날갯짓할 때 방출하는 진동을 감지할 수 있어요.
- 먹잇감이 있는 곳까지의 정확한 거리와 방향을 감지할 수 있어요.

지리적 분포

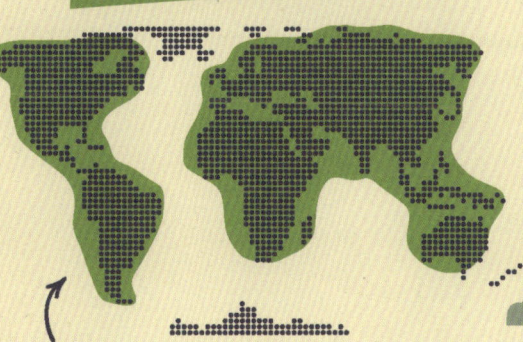

그린란드와 남극을 제외한 모든 대륙에서 살아요. 아메리카, 중부 유럽, 북아프리카와 남아프리카, 중동, 아시아까지 뻗어 있어요.

서식지
사막, 목초지, 사바나, 초원, 열대 및 아열대, 온대 밀림 지역에서 살아요.

생물 분류
- 문: 절지동물문
- 강: 거미강
- 목: 전갈목

| 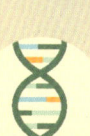 학명: Scorpiones |  먹이 종류: 육식 |  거주 환경: 땅 |  보전 상태: 최소관심 |

늑대

무리 지어 사냥해요

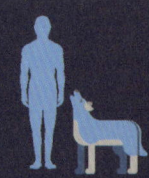

지구에는 32종의 늑대 아종이 있으며, 이들은 흰색, 회색, 빨간색, 갈색의 네 가지 색깔로 분류돼요.

무성한 털은 두 겹으로 되어 있어 물과 오염 물질로부터 몸을 보호해요.

울부짖어서 자기 위치를 알리고, 무리와 만나요. 떼 지어 울부짖는 행위로 결속력을 다져요. 밤에 사냥하기 때문에 울음소리는 주로 밤에 들을 수 있어요.

달빛 아래서 더 잘 볼 수 있어서 밤에 사냥하기 좋아요.

털 색깔은 거주 환경에 따라 달라요. 주변 환경과 비슷한 보호색을 띠어요.

청각이 매우 발달해서 높거나 낮은 주파수의 소리도 감지할 수 있어요.

후각도 뛰어나요. 먹잇감이 보이지 않는 거리에서도 그 냄새를 맡을 수 있을 정도예요.

망막 뒤에 거울과 같은 역할을 하는 반사판을 가지고 있어서 어둠 속에서 낮은 조도의 빛으로도 사냥감의 움직임을 잘 볼 수 있어요.

기대 수명

최대 9년

야생에서 5-9년 정도 살아요.

서식지

북극 툰드라 지역부터 숲, 초원, 황무지까지 생태계의 다양한 환경에서 살고 있어요.

최대 70 킬로그램

1.4 미터

몸무게는 40-70킬로그램 정도예요. 수컷은 20% 정도 더 무거워요.

크기는 60센티미터-1.4미터 정도예요.

최초로 발견된 화석 기록은 80만 년 전의 것으로 추정돼요.

지리적 분포

유럽과 아메리카, 아시아, 아프리카 등지에 분포해요.

생물 분류

- 문: 척삭동물문
- 강: 포유강
- 목: 식육목

번식

암컷의 임신 기간은 60-63일 정도예요.

새끼는 보통 네 마리에서 열 마리 정도를 낳아요.

태어날 때 몸무게는 300-500그램으로, 보지도 듣지도 못하는 상태로 태어나요. 그래서 철저히 어미에게 의존해요.

생후 3개월 동안 매우 빠르게 성장하며, 3년이 지나면 태어나 자란 무리를 떠나요.

매우 강한 턱으로
먹잇감을 단단히 물고,
문 채로 이동하며,
갈기갈기 찢을 수 있어요.

자신의 세력권을 보호하려는 본능이 매우 강해요.
모습을 은폐하고 먹잇감에게 다가가, 먹잇감이 자신의
포위망으로 움직이게 해요. 몇 시간이 걸려도 지치지 않아요.

무리 내에서 가장 지위가 높은
수컷과 암컷이 이끄는 엄격한
계급 사회로 이루어져 있어요.

먹잇감의 엉덩이와 목 부위를
공격해 피를 흘리게 해 먹이를
사냥해요.

이빨로 먹이의 살을 발라내고
뼈를 짓이겨 버려요.

야행성이에요.
밤에 사냥하고
낮에는 쉬어요.

큰 초식 동물과 작은 포유류를
먹어요. 열매를 먹기도 해요.
한 번에 3-4킬로그램 정도
먹어요.

무리에는 지켜야 할 질서가 있어요.
공격할 때는 으르렁거리고 이를
딱딱 부딪쳐 소리를 내요.

최대 50 센티미터

꼬리 길이는
30-50센티미터
정도예요.

시속 10 킬로미터

수 킬로미터를
시속 10킬로미터의 속도로
빠르게 뛸 수 있어요.

강하고 날카로운
발톱이 있어
다양한 형태의
지형에서도
미끄러지지 않고
자세를 유지할
수 있어요.

꼬리 아래쪽에 냄새를 분비하는
샘이 있어서 고유의 체취로
영역을 표시해요. 체취는 서로를
식별하는 단서이기도 해요.

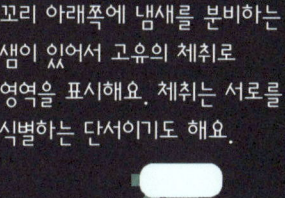

사냥할 때 움직이는 속도는
시속 65킬로미터에 달해요.

뒷다리가 앞다리보다
길어요.

발이 길어 빠르게 이동할 수 있고,
눈이 쌓여도 쉽게 움직일 수 있어요.

 학명: Canis Lupus    먹이 종류: 육식    거주 환경: 땅   보전 상태: 취약

지리적 분포

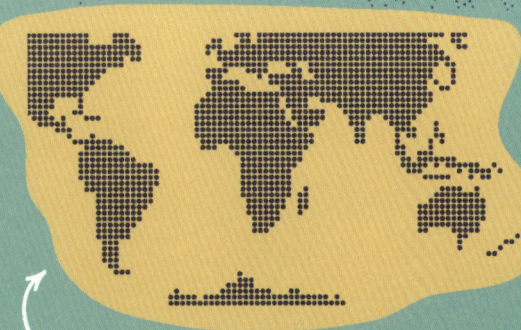

전 세계 바다 곳곳에 살아요. 아라비아반도의 홍해와 지중해 연안에서도 발견돼요.

서식지
해안 지역과 대양에서 살아요.

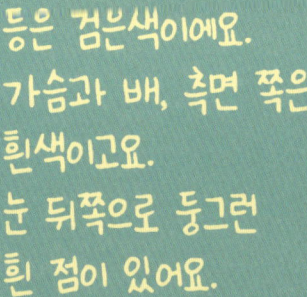

등은 검은색이에요. 가슴과 배, 측면 쪽은 흰색이고요. 눈 뒤쪽으로 둥그런 흰 점이 있어요.

다른 범고래를 모방하고 무리에게 다양한 기술을 가르칠 줄 알아요. 문제 해결 능력도 갖추고 있지요.

반향 정위 시스템으로 먹이의 위치와 특징을 감지해요. 반향 정위 시스템이란 음파나 초음파를 내어서 돌아오는 메아리로 상대와 자기의 위치를 확인하는 방법이에요. 머리에 지방질로 이루어진 기관인 멜론이 이 역할을 해요.

날카로운 턱은 매우 강한 근육을 자랑해요.

물 안팎에서 모두 잘 볼 수 있어요. 청각과 촉각 또한 매우 뛰어나요.

- 멜론
- 입
- 안점
- 등지느러미

등지느러미는 다른 범고래와 구별되는 독특한 특징이에요. 크기와 모양, 흉터 등이 모두 달라요.

이빨은 모양이 모두 같으며 **40-46개** 정도 있어요.

가슴지느러미

기대 수명

최대 90년
야생에서 50-90년 정도 살아요.

최대 시속 40 킬로미터
힘과 유체 역학적인 몸의 형태 덕분에 해양 포유류 중 가장 빨라요.

최대 9 미터
암컷은 몸길이가 5-7미터, 수컷은 6-9미터 정도예요.

최대 7,000 킬로그램
암컷은 몸무게가 3,000-4,000킬로그램, 수컷은 5,000-7,000킬로그램에 달해요.

학명: **Orcinus orca**  먹이 종류: **육식** 거주 환경: **물**  보전 상태: **취약**

범고래는 최상위 포식자예요.
↓
매일 220-500킬로그램에 달하는 먹이를 먹어 치워요.
↓
먹이는 지역에 따라 다양해요. 조류, 어류, 포유류까지 먹어요.

방향 확인, 사냥, 소통하는 데 세 가지 유형의 소리를 이용해요.
→ 휘파람 소리
→ 반향 정위 음파
→ 틱틱 하는 소리

사냥할 때 먹잇감을 끈질기게 추적해 지쳐 포기하게 만들어요.

매우 솜씨 좋은 사냥꾼이에요. 혼자 사냥하기도 하고 떼 지어 사냥하기도 해요.
↓ ↓ ↓
먹잇감이 피를 흘리며 죽을 때까지 계속해서 물고 공격해요.

← 꼬리
꼬리로 먹잇감을 후려치거나 튕겨서 방향 감각을 잃게 하는 등 무방비 상태로 만들어요.

해양 포유류를 사냥하려고 일부러 그들을 좌초시키기도 하고, 파도를 이용해 작은 빙산 위에서 쉬고 있는 포유류를 물에 빠뜨리기도 해요.

번식
일부다처제예요.

임신 기간은 15-17개월이에요. 바뀔 수 있어요. → 새끼는 단 한 마리만 낳으며 길이 2.5미터, 몸무게 200킬로그램에 달할 때까지 키워요. → 새끼는 생후 6개월 내 생존율이 **25%** 정도로 낮아요.

↑ 흰색 무늬

생물 분류
문: 척삭동물문
강: 포유강
목: 고래목

범고래는 세 종류로 나뉘어요.

정주성 범고래: 이들은 이주하지 않고 많으면 60마리 정도가 한 무리로 어울려 살아가요. 등지느러미 끝부분이 둥글고 휘었어요. →

이주성 범고래: 혼자, 많게는 여섯 마리 정도가 함께 이주하며 살아가요. 계속해서 이동해요. 등지느러미 끝부분이 뾰족해요. →

원양성 범고래: 머나먼 원양에서 최대 75마리 정도가 무리를 지어 살아요. 다른 범주의 범고래들보다 크기가 작아요. 등지느러미 모양은 정주성 범고래와 비슷해요.

범고래
효율적으로 사냥해요

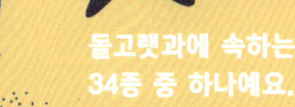
돌고랫과에 속하는 34종 중 하나예요.

독수리

강하고 치명적이에요

70여 종과 아종이 존재해요.

맹금류로 낮에 먹이를 사냥해요.
매우 뛰어난 시력을 이용해
탁 트인 공간에서 사냥하곤 하지요.

부리는 아래쪽으로 휘었으며
끝이 뾰족한 갈고리 모양이에요.

그래서 앞발과 함께 먹잇감을
갈기갈기 찢는 데 사용해요.

앞발로 먹잇감의 숨통을 끊은 뒤
다른 동물의 눈에 띄지 않는 곳으로
운반해요.

먹잇감의 머리 위를
날아다니며
위협하는 방식으로
사냥해요.

썩은 동물 사체나 토끼, 설치류,
도마뱀, 도마뱀붙이, 뱀,
물고기, 그 밖에 크기가 작은
조류 등을 먹어요.

위장이 작아서 하루에
먹을 수 있는 고기양이
0.5킬로그램밖에
안 돼요.

먹은 것을 소화하기 전에
잠시 저장하는 모이주머니가
있어요.

번식

일부일처제예요.

수컷과 암컷 한 쌍은 결속을 다지기
위해 결혼 비행을 해요.
둥지를 튼 위치를 기억하고 있다가
매년 같은 장소에 둥지를 틀어요.
높은 나무 위나 바위 절벽을 선호해요.

보통 두 개의 알을 낳아요.

암컷과 수컷은 알이 부화하기까지
45일 정도 번갈아 가며
알을 품어요.

새끼는 부모의
보살핌을 받다가
1년 뒤 둥지를 떠나요.

최대 25년

야생에서 15-25년 정도 살아요.

서식지

건조 지역, 반건조 지역, 온대림이 조성된
산악 지역에 살아요. 계곡, 산비탈, 초원 등이 있는
산맥에서 살기도 해요.

지리적 분포

유럽, 아시아, 아프리카, 아메리카,
오스트레일리아 등지에 분포해요.

생물 분류

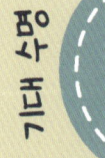

문: 척삭동물문
강: 조강
목: 수리목

눈의 초점은 두 방향으로, 하나는 정면을 다른 하나는 측면을 향해요.

시력이 매우 뛰어나서 2킬로미터가 훨씬 넘는 거리에 있는 먹잇감도 찾아내요.

날개는 넓고 긴 직사각형이에요. → 그래서 날개를 움직이지 않고 펼친 채로 오래 비행할 수 있어요.

최대 90 센티미터
몸길이는 40~90 센티미터 정도예요.

최대 2 미터
몸체가 큰 종은 날개폭이 2미터가 넘기도 해요.

최대 9 킬로그램
몸무게는 2~9킬로그램 정도로, 종에 따라 차이가 있어요. 암컷이 수컷보다 훨씬 커요.

다른 독수리들에게 경고하듯 큰 소리를 내며 영역을 표시해요.

비행 속도는 시속 300킬로미터에 달해요.

해발 **7,000미터** 이상 높이 날아오를 수 있어요.

깃털
바깥쪽은 어두운색으로 초목과 유사하고, 안쪽은 흰색으로 하늘과 유사해 보이는 종도 있어요.

앞발은 자기보다 네 배나 더 무거운 동물을 움켜쥐고 들어 올릴 만큼 강해요.

다리는 튼튼하고 근육질이며 발은 크고 날카로워요.

종에 따라 어두운 갈색, 회색, 흰색을 띠어요.

꼬리는 매우 독특해요. 끝부분이 바깥을 향하는 둥그스름한 모양이에요.

학명: **Aegypius monachus** | 먹이 종류: **육식** | 거주 환경: **하늘** | 보전 상태: **위기**

북극곰
가장 무서운 포식자예요

19개 개체군이 북극의 해빙 지역 네 곳에서 사는 것으로 알려졌어요.

먹이를 잡는 속도가 매우 빨라요. 물개가 숨구멍으로 올라오는 순간을 놓치지 않아요.

눈동자는 갈색이며, 자외선을 차단하는 세 번째 눈꺼풀이 있어요.

앞발로 얼음덩어리를 움켜잡고 몸을 일으켜 세운 채 먹잇감에 치명적인 공격을 가해요.

생물 분류
- 문: 척삭동물문
- 강: 포유강
- 목: 식육목

후각을 이용해 눈 더미에 숨겨 둔 새끼 곰을 찾아요.

털 빛깔은 흰색, 밝은 갈색, 노란색, 회색과 같은 다양한 색조로 반사돼요.

지리적 분포
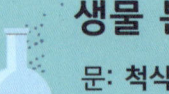
북극 지방에 분포해요. 캐나다와 알래스카, 그린란드, 아이슬란드, 러시아, 덴마크, 노르웨이 등지에서 볼 수 있어요.

서식지
북극의 얼어붙은 바다, 여름에 계절적으로 얼음이 녹은 바다, 북극 툰드라 지역에서 살아요.

먼 거리를 걷고 수영하기 좋은 다리를 가졌어요.

발톱은 길이 5-7센티미터로 두껍고 짧으며 뾰족해서 얼음 위를 걷기에 적합해요.

0℃(여름)에서 영하 50℃(겨울) 사이의 추위를 견디며 살아요.

고리무늬물범, 턱수염바다물범, 흰돌고래, 어린 바다코끼리, 바닷새, 물고기 등을 먹고 살아요.

입으로 무는 힘은 백상아리, 인도호랑이, 사자보다 강해요.

얼어붙어 접근하기 어려운 지역에도 오를 수 있어요.

번식

4월과 5월 사이에 짝짓기를 해요.

암컷은 7-9개월 동안 새끼 **두 마리**를 뱃속에 품어요.

새끼 곰은 생후 2-3년 동안 어미 곁을 떠나지 않아요.

새끼 곰은 몸무게 600그램, 키 30센티미터로 아주 작아요.

기대 수명

최대 **30**년

야생에서 25-30년 정도 살아요.

최대 **590** 킬로그램

몸무게 150-590 킬로그램 정도로 수컷이 훨씬 커요.

최대 **3** 미터

키는 1.8-3미터 정도예요. 암컷의 키는 조금 더 작아서 2미터 정도예요.

먹이를 찾으러 다니다가 둥둥 떠다니는 얼음 섬에 갇히기도 해요.

여름이 와 얼음이 녹으면 몸에 축적된 지방으로 버텨요.

무성한 털 아래 감춰진 피부는 놀랍게도 검은색이에요. 피부로 태양 복사열을 흡수하고 체온을 높여요.

시속 10킬로미터 속도로 수영할 수 있어요.

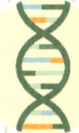 학명: Ursus maritimus |  먹이 종류: **육식** | 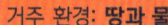 거주 환경: **땅과 물** |  보전 상태: **취약**

인도 코브라
치명적인 독을 품고 있어요

최대 2미터
몸길이는 최대 2미터 정도예요.

최대 10킬로그램
몸무게는 2-10킬로그램 정도로, 종에 따라 차이가 있어요. 암컷이 수컷보다 훨씬 커요.

호리호리한 몸으로 나무를 기어오르고 강을 헤엄쳐 다녀요.

동그랗고 까만 눈은 거의 보지 못해요. → 눈

아래턱에는 먹잇감을 사냥할 때 쓰는 독니가 있어요.

적은 양의 독으로 코끼리 한 마리, 사람은 100명까지도 죽일 수 있어요.

코브라의 독은 독성이 매우 강하고 위험해요.

코브라에게 물리면 마비, 호흡 곤란, 심정지 등의 증상이 나타날 수 있어요.

머리 윗부분 쪽에 안경같이 생긴 무늬가 있어서 '안경코브라'라고 불리기도 해요.

피부는 사선 방향으로 겹쳐진 부드러운 비늘로 덮여 있어요.

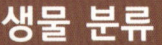

비늘은 갈색, 녹색, 회색, 노란색, 불그스름한 색 등 다양한 색조를 띠어요.

생물 분류
문: 척삭동물문
강: 파충강
목: 뱀목

전 세계적으로 20종이 넘는 코브라가 있어요.

머리 부분은 작고 길쭉하며 둥글넓적해요.

위협을 느끼거나 흥분하면
몸을 1/3가량 일으켜 세우고
'칙' 하고 숨소리를 내요.
그런 다음 목 주변의 볏을
양쪽으로 펴서 방어 자세를 취해요.

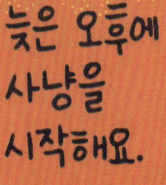 늦은 오후에 사냥을 시작해요.

사냥할 때는 목 주변의 볏을 양쪽으로 넓게 펴고 먹잇감에 독을 쏘아 공격한 뒤, 독이 퍼질 때까지 기다려요.

갈라진 혀는 여러 가지 일을 해요. 먹잇감의 위치를 파악하고, 포식자를 감지하며, 성별을 구분하는 데 필요한 정보가 담긴 냄새 분자를 포착해요.

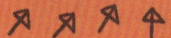

목 주변의 넓고 납작한 볏은 머리 주위로 펼쳐져 있고, 갈비뼈에 붙어있는 얇은 피부막으로 구성되어 있어요.

위턱과 아래턱을 분리해 먹이를 씹지 않고 통째로 삼켜요.

일주일에 단 한 번 사냥해요. 주로 설치류, 두꺼비, 개구리, 조류, 다른 뱀을 잡아먹어요.

번식
난생 동물이에요. 알을 낳는다는 뜻이지요.

암컷은 길쭉한 흰색 알을 **10-30개** 정도 낳아요.

알을 30℃ 정도에서 48-69일 정도 품어요.

20-30센티미터 정도 몸길이로 새끼가 태어나요. 태어나서부터 독립적으로 생활해요.

굴, 흰개미집, 바위 아래, 나무 구멍 등에 몸을 숨겨요.

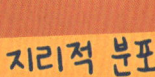 지리적 분포

기대 수명
최대 **25년**
야생에서 17-25년 정도 살아요.

서식지
탁 트인 들판, 정글, 초목이 무성한 밀림, 강 인근, 건조한 반사막 지역 등에서 살아요.

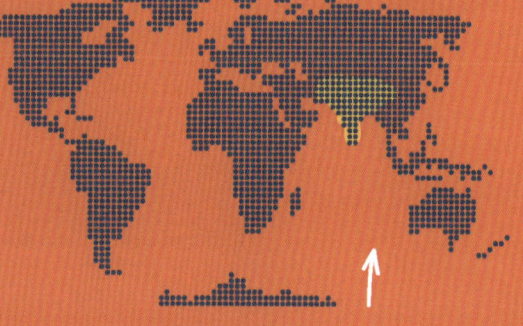

인도, 파키스탄, 스리랑카, 방글라데시, 네팔, 부탄, 아프가니스탄 동부, 중국 남부 등지에 분포해요.

 학명: **Naja naja** 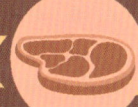 먹이 종류: **육식**  거주 환경: **땅**  보전 상태: **취약**

태즈메이니아 데블

사납고 위협적이에요

두 개의 아종이 존재해요.

무게를 고려할 때, 지구상에 존재하는 포유류 중 무는 힘이 가장 강한 동물이에요.

식욕이 왕성하고 사납기도 하지만, 햇볕 아래에서 보면 두 귀가 불그스레한 뿔처럼 보여 **태즈메이니아의 데블(악마)**이라고 불려요.

얼굴과 머리 윗부분에 긴 수염이 있어요. 이 수염으로 먹이의 위치를 파악하거나 어둠 속에서 동물들의 존재를 감지할 수 있어요.

80°
턱을 80°까지 벌릴 수 있어서 먹잇감의 살을 갈기갈기 찢고 뼈를 짓이길 수 있어요.

최대 30 센티미터
가장 큰 개체는 키가 30센티미터 정도예요.

최대 65 센티미터
몸길이는 55-65센티미터 정도예요.

6 킬로그램
몸무게는 평균 6킬로그램 정도이며, 암컷은 이보다 조금 더 작아요.

최고 시속 13 킬로미터
시속 13킬로미터로 달릴 수 있어요.

발가락은 다섯 개씩이며 뒷발보다 앞발의 발가락이 더 길어요.

발이 길고 발톱은 날카롭고 강해서 덩치 큰 동물도 잡을 수 있어요.

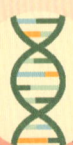 학명: Sarcophilus harrisii 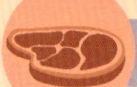 먹이 종류: 육식 거주 환경: 땅   보전 상태: 위기

청각과 후각이 매우 발달하여 **2킬로미터** 거리에 있는 먹잇감까지 감지할 수 있어요.

몸은 탄탄하고 근육질이에요. 머리가 크고 목도 굵은 편이에요.

털은 검은색이며 가슴과 등 부분에 불규칙적으로 흰색 얼룩이 있어요.

몸길이의 절반을 차지하는 꼬리는 달릴 때 균형을 잡아 줘요.

꼬리 밑 부분에 있는 냄새샘을 이용해 영역을 표시해요.

위협을 느끼면 매우 고약한 냄새를 내뿜어요.

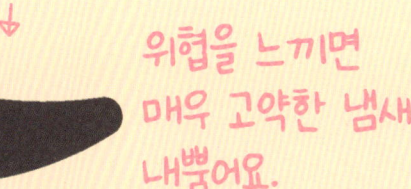

위협을 느끼면 매우 사나워져서 으르렁거리며 이빨을 드러내고 덤벼요. 무시무시하고 귀에 거슬리는 소리로 울어요.

새끼 캥거루, 웜뱃, 양, 새, 물고기, 개구리, 곤충, 쥐, 뱀, 썩은 고기 등을 먹어요.

기대 수명

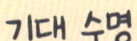

최대 8년

야생에서 5-8년 정도 살아요.

밤에 사냥해요. 먹잇감을 쫓을 때 최대 **16킬로미터**까지 달릴 수 있어요.

먹이를 먹을 때 많게는 열두 마리 정도가 모여요.

한 마리가 먹잇감을 서식지에서 멀리 떨어진 곳으로 몰면 다른 한 마리가 먹잇감을 공격하는 방식으로 사냥해요.

번식

수컷은 마음에 드는 암컷을 발견하면 다가가 지칠 때까지 싸우고 짝짓기를 해요.

임신 기간은 21일이에요.

암컷은 새끼를 **40마리까지** 낳아요. 새끼들은 어미의 육아낭에 비집고 들어가 네 개뿐인 젖꼭지를 서로 차지하려고 경쟁을 벌여요.

오직 네 마리만 살아남고 나머지는 모두 죽어요.

새끼들은 육아낭에서 4개월 동안 머물러요. 그런 뒤 9개월 동안은 엄마 등에 매달려 지내요.

지리적 분포

서식지

덤불이 무성한 들판, 건조한 숲, 해안 지역, 교외 등지에 살아요.

오스트레일리아 남부 태즈메이니아 섬에 분포해요.

생물 분류

문: 척삭동물문
강: 포유강
목: 주머니고양이목

최대 860볼트 전압의 전기를 방출해요.

열 마리 정도가 무리를 지어 사냥해요.

꼬리에는 서로 다른 강도의 전기를 만들어내는 기관이 **세 개** 있어요.

→ 삭스 기관
→ 헌터 기관
→ 주요 기관

최대 **20** 킬로그램

최대 **2.5** 미터

몸무게는 최대 20킬로그램 정도예요.

몸길이는 최대 2.5미터 정도예요.

더욱 강한 전기 충격을 주기 위해 발전 기관의 두 극을 연결하여 먹잇감의 몸을 휘어 감아요.

서식지

잔잔하게 흐르는 물을 선호하며 진흙 바닥, 개울, 강, 늪지 등에서 살아요.

물고기들을 구석으로 몰다가 짧고 강한 전기 충격을 줘요. 물고기가 기절하면 집어삼켜 버려요.

최대 1분 동안 발전 상태를 유지할 수 있으며 다시 충전하는 데 30초 정도 걸려요.

지리적 분포

중앙아메리카와 남아메리카 북부, 오리노코강 유역, 아마존강과 그 주변 강들에 분포해요.

전기 뱀장어

수온에 따라 체온이 변하는 변온 동물이에요.

뱀과 비슷하게 생겼으며 3종이 존재해요.

강한 전기 충격으로 먹잇감을 기절시켜요

지구에서 전기를 발생하는 동물 중 가장 강력한 전력을 생산해요.

평균 수명

최대 **12년**
12년 정도 살아요.

눈은 작고 시력도 그리 좋지 않아요. 대신 후각이 매우 발달했답니다.

먹이가 다가오면 강한 전기를 집중적으로 방출해요.

몸에 전기 세포라 불리는 특수 에너지 저장 세포가 6,000개나 있어요.

물고기, 무척추동물, 양서류, 작은 포유류, 조류 등을 먹어요.

등 색깔은 회색, 어두운 갈색을 띠며, 배는 노란색이나 오렌지색을 띠어요.

머리는 둥글넓적하고 입은 큰 편이에요. 위와 아래턱에 원뿔 모양의 이빨이 있어요.

밤에 사냥해요.

피부는 두껍고 끈적끈적하며 비늘이 없어요.

뒷지느러미
뒷지느러미는 꼬리 끝까지 길게 나 있어요.

번식
수컷은 거품 같은 분비물과 수생 식물을 이용해 둥지를 지어요.

암컷은 1만 7,000개의 알을 낳아요.

그중에서 3,000마리 정도가 부화해요.

이동 속도는 시속 8킬로미터 정도예요.

이제 막 태어난 새끼들은 무척추동물의 새끼를 먹어요.

생물 분류
문: 척삭동물문
강: 조기어강
목: 김노투스목

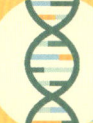 학명: *Electrophorus electricus*
 먹이 종류: **육식**
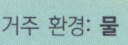 거주 환경: **물**
 보전 상태: **최소관심**

23

지리적 분포

생물 분류
- 문: 척삭동물문
- 강: 포유강
- 목: 식육목

기대수명 **최대 25년**

최대 25년까지 살아요.

서식지
숲, 탁 트인 들판, 정글, 초목이 무성한 밀림 등지에 살아요.

아프리카, 남동아시아, 중앙아메리카, 남아메리카의 북부에 분포해요.

지구에서 몸이 큰 고양잇과 동물로 손꼽혀요.

 야간 시력이 매우 발달했어요.

크고 둥근 동공을 조절해 주변의 빛 세기에 적응해요.

 검은색 색소인 멜라닌이 너무 많아 털은 검은색을 띠어요.

 눈은 초록, 파랑, 노랑 등 다양해요.

 무늬가 있지만, 전체적으로 까맣기 때문에 잘 보이지 않아요. 개체마다 모두 무늬가 달라요.

최대 90 킬로그램
몸무게는 최대 90킬로그램 정도예요. 수컷이 더 커요.

최대 1.5 미터
몸길이는 1~1.5미터 정도예요.

다리
다리는 짧고 근육질이어서 튼튼하고 힘이 세요.

최대 80 센티미터
키는 60~80센티미터 정도예요.

필요하면 발톱을 오므려 감춰요.

표범
은밀하게 다가가 공격해요

현재 9아종으로 나뉘어요. 흑표범은 전체 중 11% 정도예요. 여기에서는 흑표범을 중심으로 알아볼 거예요.

완전히 어두운 밤에 혼자 사냥을 즐겨요.

아주 천천히, 소리 없이 조심스럽게 움직여요.

'밤의 유령'이라는 별명이 있어요.

머리는 작고 턱은 커요. 날카로운 송곳니를 비롯한 강력한 이빨은 사냥에 용이해요.

번식
수컷은 암컷을 차지하기 위해 서로 싸워요.

임신 기간은 3개월 정도예요.

털 색이 어두워서 빛이 많이 들지 않는 울창한 숲에서 쉽게 몸을 숨길 수 있어요.

검은 털은 더위를 차단하고 기생충으로부터 몸을 보호하는 데도 유리해요.

먹이가 남긴 냄새를 흔적 없이 제거하려고 많은 시간을 털을 핥짝거리면서 보내요.

새끼는 최대 네 마리까지 낳아요.
새끼들은 2년 동안 어미와 함께 살아요.

최대 5미터 높이까지 점프해요.

시속 60킬로미터 속도로 달려요.

먹이를 찾아 반경 40킬로미터까지 이동해요.

매우 조심스럽게 사냥해요. 먹잇감이 절대 눈치채지 못하게 접근하기 때문에 사냥하는 데 몇 시간이 걸릴 수도 있어요.

최대 100센티미터

꼬리 길이는 75-100센티미터 정도예요.

맥, 토끼, 카피바라, 영양, 사슴, 물고기, 도마뱀, 새 등을 먹어요.

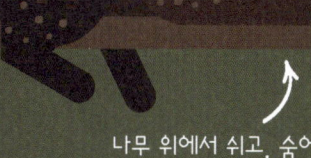

나무 위에서 쉬고, 숨어 있고, 적을 피하고, 먹어요.

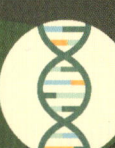 학명: **Panthera pardus** |  먹이 종류: **육식** |  거주 환경: **땅** |  보전 상태: **취약**

왜가리
부리로 정확하게 먹이를 쪼아요

전 세계에 60여 종이 분포해 있으며, 여기에서는 백로를 기준으로 알아볼 거예요.

최대 2.5 킬로그램
700그램-2.5킬로그램 정도로 종마다 몸무게가 다양해요.

1.5 미터
몸길이는 최대 1.5미터 정도예요.

최대 1.9 미터
날개폭은 1.5-1.9미터 정도예요.

기대수명 최대 15년
10-15년 정도 살아요.

여름 철새였으나, 지구 온난화로 거의 이동하지 않게 되었어요. 추운 겨울을 나려고 이동하는 종도 있어요.

꼬리는 짧으며 날개는 길고 널찍해요.

다리
다리는 가늘고 길어요. 보통 회색이고, 번식기에 붉게 변하는 종도 있어요.

지리적 분포
남극과 북극을 제외한 모든 대륙에 분포해요.

서식지
늪지, 물이 많은 경작지, 맹그로브 습지, 해안, 호수와 강 근처에 살아요.

빗처럼 생긴 발가락으로 털을 매만져요.

생물 분류
- 문: 척삭동물문
- 강: 조강
- 목: 사다새목

학명: Ardeidae	먹이 종류: 육식	거주 환경: 하늘	보전 상태: 최소관심	

시간 대부분을 민물이나 바닷물 등에서 보내요.

청각과 촉각이 매우 발달해서 주변 환경을 잘 감지해요.

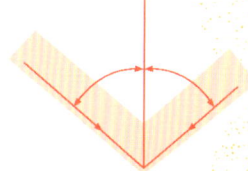

사냥할 때는 물 위를 천천히 걷다가 발견한 먹잇감이 다가올 때까지 가만히 기다려요.

시각이 좋은 편이어서 물속에 있는 먹잇감의 위치를 정확하게 파악할 수 있어요.

물속에서 부유하는 식물을 발로 흔들어 숨어 있는 물고기와 양서류를 찾아내요.

위협을 느끼면 귀에 거슬리는 소리를 내요.

날 때는 목을 접고 다리를 뒤로 길게 펴요.

목은 S(에스) 자 모양으로, 길고 유연한 척추 덕분에 목을 쉽게 접을 수 있어요.

"S"

똑똑해요. 다른 새들을 관찰하면서 새로운 사냥법을 개발해요.

먹잇감을 발견하면 재빨리 목을 펴요. 부리는 정확하고 치명적인 화살이 되어 먹이를 잡아요. 잡은 먹이는 한입에 해치워 버려요.

부리

부리는 길고 곧으며 끝이 뾰족해요. 평소에는 노랗고, 번식기에는 붉게 변하는 종도 있어요.

검은해오라기는 <mark>활짝 펼친 우산</mark>처럼 자세를 잡아 물고기가 그 그늘 밑으로 모여들게 한 뒤 사냥해요.

흰색, 회색, 빨간색, 파란색 등 종에 따라 깃털 색이 다양해요.

물고기, 양서류, 파충류, 작은 포유류 등을 먹어요.

번식

일부일처제예요.

물 근처에 둥지를 틀어요. 수초와 나뭇가지를 모아 집을 만들어요.

단독으로 둥지를 틀기도 하고, 같은 종이나 다른 종과 함께 군락을 이루기도 해요.

많게는 다섯 개의 알을 낳아요.

수컷과 암컷은 **25일 동안** 알을 품어요.

새끼는 털이 없는 채로 태어나며 **생후 25일 동안** 부모와 함께 살아요.

서식지
숲, 사막, 들판, 밭, 목초지 등에 살아요.

지리적 분포

남극을 제외한 모든 대륙에 분포해요.
대부분 열대지방에서 살아요.

매복하는 포식자

앞발을 모은 채 먹잇감이
다가올 때까지 꼼짝하지 않고
기다려요.

기대 수명

최대 1년

7개월-1년 정도 살아요.

최대 12 센티미터
몸길이는 6-12센티미터 정도예요.

최대 20 그램
몸무게는 10-20그램 정도예요. 암컷이 수컷보다 더 커요.

천적인 말벌을
사냥하기도 해요.

나비, 쥐, 귀뚜라미, 개구리,
도마뱀붙이, 뱀, 작은 새 등을 먹어요.

풀이나 나뭇잎, 나뭇가지로
위장하곤 해요.

가장 최근에 속한 환경에 따라 색깔을 달리해요.
주로 갈색, 초록색, 노란색 등이에요.

사마귀

백발백중의 사냥꾼이에요

33과 460속 2,400여 종이
여기에서는 항라 사마귀를
기준으로 알아볼 거예요.

두 개의 겹눈과 세 개의 홑눈이 있어요.

눈으로 → 빛 → 움직임 → 거리를 감지해요.

날개는 네 개예요.

바깥쪽 날개는 위장용으로, 더 정교한 안쪽 날개는 보호용으로 사용해요.

번식

짝짓기가 끝나면 암컷은 거품 같은 분비물로 구조물을 만드는데, 이를 알주머니 라고 해요.

더듬이
더듬이로 후각과 촉각적인 요소를 감지해요.

머리
마치 외계 생명체처럼 머리는 역삼각형 모양이에요. 180°까지 돌릴 수 있어요.

알을 최대 300개까지 낳아요.

알주머니는 20일~6개월, 새끼들이 알에서 나올 동안 알을 보호해요.

어떤 암컷은 짝짓기가 끝나면 수컷을 잡아먹기도 해요.

가슴
가슴 아래쪽에 귀가 하나 있어요. 그 귀로 포식자들이 사용하는 초음파를 감지할 수 있어요.

포획형 다리
다리는 여섯 개예요. 앞다리에 가시 돌기가 있어 먹이를 잡기에 알맞아요. 사냥할 때 몸의 균형을 유지하기 위해 135°까지만 뻗어요.

앞다리를 모으고 있는 모습이 마치 기도하는 모습 같아요. 서양에서는 기도하는 벌레라고 부르기도 해요.

앞다리로 먹이를 붙잡은 채 먹어요.

날아가는 파리도 잡을 만큼 다리를 빠르게 움직여요.

생물 분류
문: 절지동물문
강: 곤충강
목: 사마귀목

학명: Mantidae | 먹이 종류: 육식 | 거주 환경: 땅 | 보전 상태: 최소관심

침팬지
사냥할 때 도구를 사용해요

현재 4아종이 존재해요.

표정이 다양해요.

소리와 행동으로 서로 원활하게 의사소통해요.

유전적으로 인간과 가장 유사한 동물이에요. 유전자의 **98% 이상**이 일치해요.

약 700만 년 전 인간과 공통 조상으로부터 파생되었어요.

기어오르기 선수예요.

생물 분류
문: 척삭동물문
강: 포유강
목: 영장목

얼굴, 손가락, 손바닥, 발바닥을 제외한 몸 전체가 두꺼운 털로 덮여 있어요.

털 색깔은 어두운 갈색이나 검은색이에요.

짧은 거리는 똑바로 서서 걸어요.

손가락 관절로 체중을 지탱하면서 손가락을 구부린 채로 네발로 기어 다녀요.

번식
15-100마리 정도가 모여 살아요.

대장 수컷 한 마리와 암컷 여러 마리, 새끼들이 모여 하나의 공동체를 이루어요.

임신 기간은 **8개월**이에요. 막 태어난 새끼는 2킬로그램 정도 나가요.

새끼는 어미에게 매달려 살아요. 4-5세가 되면 젖을 떼요.

최대 **1.7** 미터	최대 **70** 킬로그램	최대 **50** 킬로그램	평균수명 최대 **40**년
키는 1-1.7미터 정도예요.	수컷은 40-70킬로그램 정도예요.	암컷은 20-50킬로그램 정도예요.	사육 환경에서 최대 40년 정도 살아요.

여러 마리가 모여 조직적으로 사냥할 수 있어요. 먹이를 쫓아 잡은 뒤 조각조각 잘라요.

흰개미 집에 나무 잎사귀를 집어넣어 사냥하고 막대기로 쑤셔서 흰개미들이 밖으로 나오게 해요.

나무 꼭대기에 둥지를 틀어요. 그곳에서 낮에 쉬고 밤에 잠을 자요.

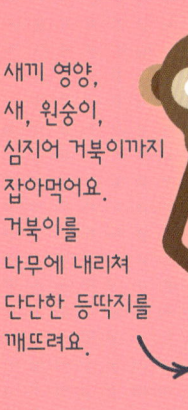

새끼 영양, 새, 원숭이, 심지어 거북이까지 잡아먹어요. 거북이를 나무에 내리쳐 단단한 등딱지를 깨뜨려요.

창을 만들 줄 알아요.

이빨로 창끝을 뾰족하게 만들어서 나무줄기 안에 숨어 있는 작은 동물을 잡아요.

돌멩이로 단단한 열매를 깨고, 나뭇잎을 스펀지처럼 활용해 물을 마셔요.

↑↑↑↑↑↑↑↑

도구를 써서 먹이를 사냥하는 몇 안 되는 동물이에요.

지리적 분포

서식지 → 정글이 있는 열대 지역, 물이 풍부한 숲, 나무가 울창한 밀림 등지에 살아요.

서아프리카와 중앙아프리카 지역에 분포해요.

열매, 나뭇잎, 씨앗, 꽃, 나무껍질, 나무뿌리, 송진 같은 식물과 곤충, 알, 작은 척추동물 등을 먹어요.

 학명: **Pan troglodytes**　 먹이 종류: **잡식**　 거주 환경: **땅**　 보전 상태: **위기**

물속 500미터 깊이까지 잠수할 수 있어요. 한번 들어가면 물속에서 10-15분 정도 머무를 수 있어요.

물고기, 새우, 오징어, 게, 연체동물을 먹어요.

하루에 7킬로그램 정도 먹어요.

50 킬로미터

먹잇감을 잡기 위해 50킬로미터까지 이동해요.

수영을 정말 잘해요.

감각모인 수염으로 물속 진동을 감지하고 먹잇감을 찾을 수 있어요.

물체에 직접 접촉하여 감지하거나 물의 흐름을 분석하여 자신의 위치를 파악해요.

기대 수명

최대 45년

20-45년 정도 살아요.

남극에 사는 얼룩무늬물범은 펭귄을 잡을 줄 알아요. 펭귄이 물에 들어가기를 기다렸다가 잠수하여 사냥해요.

크고 검은 눈으로 빛이 거의 없는 바닷속 깊은 곳까지 볼 수 있어요.

최대 160 킬로그램

몸무게는 60-160킬로그램 정도예요.
수컷이 더 커요.

번식

늦겨울부터 여름까지 번식해요.

강한 이빨로 먹이를 잡아요.

최대 2 미터

몸길이는 1.5-2미터 정도예요.

임신 기간은 9-11개월이에요.

지리적 분포

생물 분류
문: 척삭동물문
강: 포유동물강
목: 식육목

서식지

따뜻하거나 차가운 바다, 해변, 만, 하구 등에 살아요.

북대서양과 태평양, 발트해, 북해 연안 등에 분포해요.

새끼 물범은 8-12킬로그램 정도 나가요.

새끼는 1개월 정도 어미 곁에 머무르요.

물범

수염으로 먹이를 감지해요

현재 33종이 존재해요. 해부학적 특징은 같지만, 지리적 분포에 따라 구분돼요. 여기서는 점박이물범을 기준으로 알아볼 거예요.

물범 또는 점박이물범이라고도 해요.

짧은 털이 빽빽하게 나 있어요.

머리가 작고 입은 납작하며 콧구멍은 브이(V) 자 모양이에요.

몸에 있는 피지선은 태양으로부터 피부를 보호하고, 언제든지 수영할 수 있도록 털을 촉촉하게 유지해 줘요.

그 덕분에 적절한 체온을 유지할 수 있어요.

앞 지느러미로 방향을 유지하고 뒷지느러미를 사용해 앞으로 나아가요.

털 색깔은 회색, 갈색, 베이지색이며, 반점은 개체마다 패턴이 조금씩 달라요.

배 쪽은 밝은 색깔을 띠어요.

몸이 길어 수영하기 좋아요.

앞다리는 짧고 넓적해요. 지느러미에 물갈퀴가 있고 다섯 개의 발가락과 강한 발톱이 있어요.

학명: **Phoca vitulina** | 먹이 종류: **육식** | 거주 환경: **물** | 보전 상태: **최소관심**

쥐

감각이 매우 발달했어요

현재 65종 정도가 존재하며, 여기에서는 시궁쥐를 기준으로 알아볼 거예요.

후각과 미각이 매우 발달했어요.

주로 선박을 통해 사람들과 함께 이동했으며 지구 전역의 해안 도시에 분포했어요.

긴 꼬리는 점프할 때 균형을 잡아줘요. 몸길이만큼 길어요.

청각이 매우 예민해서 쉽게 위험을 감지해 포식자로부터 도망칠 수 있어요.

귀는 크고 넓적하고 얇아요.

골격이 유연하고 몸이 길쭉해서 좁은 구멍도 쉽게 통과해요.

야간 시력이 매우 좋아서 방향 찾기에 유리하고 도망치기도 쉬워요.

뒷발은 앞발보다 더 길어요. 발가락은 **다섯 개씩** 있어요.

앞발은 짧고 발가락은 **네 개씩** 있어요.

학명: Rattus | 먹이 종류: **잡식** | 거주 환경: **땅** | 보전 상태: **최소관심**

어디든 기어올라서 먹이를 잡아요. 미끌미끌한 벽, 수도관이나 케이블, 나뭇가지, 줄 등을 타고 올라요.

뛰어난 수영 실력을 뽐내요. 덕분에 작은 물고기, 게, 소라, 물에 사는 곤충 등을 잡아먹어요.

거의 한 지역에서만, 집단을 이루어 살아요.

서식지

숲, 초원, 산, 들판, 건조한 사막 지역, 강변, 도시, 인간이 사는 환경 등에 살아요.

먹이를 앞발로 잡고 뜯어 먹어요.

포식 본능은 배가 고플 때만 발동해요.

지리적 분포

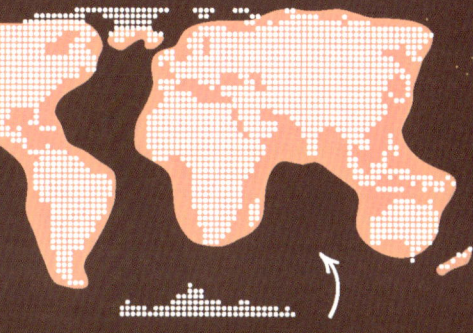

남극 대륙을 제외한 전 세계에 분포해요.

여러 마리가 한 팀을 이뤄 공격을 계획하여 둥지에 있는 알을 깨뜨리지 않고 다른 곳으로 옮겨요.

새 둥지에 침입해 잠든 새를 죽여요.

열매, 뿌리, 작은 포유류, 파충류, 곤충, 썩은 고기, 쓰레기 등을 먹어요.

번식

새끼는 1년에 **다섯 차례**나 가질 수 있어요.

임신 기간은 **23일** 정도예요.

적게는 **다섯 마리**, 많게는 **스물 두 마리**도 낳아요.

털은 부드럽고 무성해요. 회색부터 갈색, 검은색, 밝은 노란색, 흰색 등 종에 따라 색이 다양해요.

위아래 앞니가 두 개씩 있어요. 갉아 먹는 습성 때문에 점점 닳지만, 앞니는 계속해서 자라요.

태어났을 때 몸무게는 **6그램** 정도예요.

기대 수명

최대 **4년**

1~4년 정도 살아요.

최대 **22** 센티미터

몸길이는 16~22센티미터 정도예요.

최대 **300** 그램

몸무게는 70~300그램 정도예요. 수컷이 더 커요.

생물 분류

문: 척삭동물문
강: 포유강
목: 쥐목

깃털의 색깔은
빛이 입사각에 따라 달라요.
↓
초목과 물이 있는 환경에서
몸을 숨길 수 있어요.

파란색, 청록색, 초록색, 회색, 노란색,
오렌지색, 흰색 등의 깃털 색이
두드러져요.

최대 19 센티미터
몸길이는 17-19센티미터 정도예요.

최대 46 그램
몸무게는 평균 34-46그램 정도예요.

기대 수명
최대 10년
6-10년 정도 살아요.

부리
검은색 부리는 몸에 비해 긴 편이에요.

날개폭은 25 센티미터 정도 돼요.

단안 시야 (공중에서)
각각의 눈을 분리해서 사용해요.

양안 시야 (물속에서)
양쪽 눈을 같이 사용해요.

비행 중일 때뿐만 아니라 휴식 중에도 고음의 소리를 내요.

다리
다리는 짧고 색깔이 밝아요.

물에 날아들기 전에 거리를 계산하고 부리로 먹이를 잡아채요.

사냥할 때 머리를 옆구리 쪽으로 돌릴 수 있어요.

생물 분류
문: 척삭동물문
강: 조강
목: 파랑새목

먹이를 잡은 뒤 나뭇가지로 날아가 먹이를 삼켜 버려요.

물총새

수직으로 재빠르게 하강해서 사냥해요

90여 종으로 물총새아과, 호반새아과, 뿔호반새아과 세 개 아과로 분류돼요.

'물고기 잡는 호랑이'라는 별명이 있을 만큼 물고기 사냥을 잘해요.

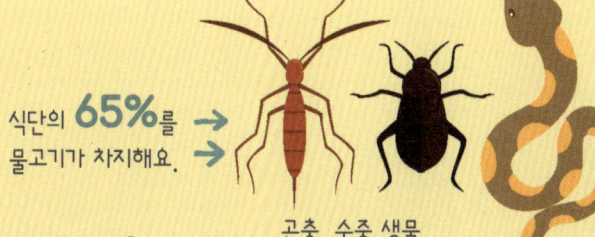

식단의 **65%**를 물고기가 차지해요.

곤충, 수중 생물, 파충류, 양서류, 갑각류, 작은 포유류 등도 먹어요.

추운 겨울을 피해서 먼 거리를 이동해요.

수컷은 암컷보다 짧은 거리를 이동해요.

번식

물가 흙 벼랑에 구멍을 파서 둥지를 틀어요.

구멍의 깊이는 2미터 정도 돼요. 알을 **세 개에서 일곱 개 정도** 낳아요.

20일 정도 알을 품고, 새끼들은 알을 깨고 나오자마자 둥지를 떠날 수 있어요.

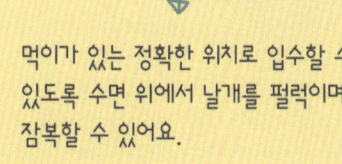

먹이가 있는 정확한 위치로 입수할 수 있도록 수면 위에서 날개를 펄럭이며 잠복할 수 있어요.

사냥할 때 강이나 호수 가까이에 있는 나뭇가지에 자리를 잡아요. 그곳에서 물속에 있는 물고기들을 탐색해요.

지리적 분포

서식지

하천, 늪, 연못, 저수지, 호수, 하구, 해안 지역 등에 살아요.

유럽, 아프리카, 아메리카, 아시아 대륙에 분포해요.

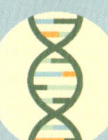 학명: Alcedo atthis

 먹이 종류: 잡식

 거주 환경: 하늘

 보전 상태: 최소관심

잠자리

쉬지 않고 연속적으로 사냥해요

3억 2,000만 년

석탄기 지층에서 발견된 가장 오래된 화석은 무려 3억 2,000만 년 전의 것이에요.

현재 5,700여 종이 존재해요.

강력한 턱 힘으로 먹이를 납작하게 뭉개 버려요.

시력은 매우 발달했으며, 파노라마식이에요. 큰 겹눈을 가지고 있어요.

날개 →
얇고 강한 막으로, 아주 작고 예리한 돌기가 나 있어요.

날개를 다양한 형태로 움직여 비행 속도를 조절해요.

다리
여섯 개로 짧은 털로 덮여 있어요.

배 →
열 마디 정도로 나뉘어 있어요.

80%
뇌의 80%는 시각 정보를 분석하는 데 쓰여요.

12미터 떨어진 곳에서도 먹잇감을 볼 수 있어요.

지리적 분포

전 세계에 분포해요.

서식지
호수, 강, 연못, 석호, 습지, 늪 인근에서 살아요.

파란색, 녹색, 노란색, 보라색, 갈색, 검은색 등 다양한 색깔을 나타내요.

생물 분류

- 문: 절지동물문
- 강: 곤충강
- 목: 잠자리목

사냥 성공률은 95% 정도예요.

기대 수명

최대 60일

어른벌레 기준으로 7-60일 정도 살아요.

12 센티미터

날개폭은 12센티미터 정도예요.

비행 속도는 시속 85킬로미터이고요.

날 때는 균형을 유지할 수 있고 위아래, 그리고 뒤로도 날 수 있어요. 매우 빠른 속도로 움직이고 회전할 수 있어요.

착시 현상을 이용해 자신의 영역을 침범한 다른 곤충들을 잡아요.

최대 12 센티미터

몸길이는 3-12센티미터 정도예요.

최대 100 그램

몸무게는 80-100그램 정도예요.

머리와 몸이 독립적으로 움직여요.

자신을 움직이지 않는 물체처럼 보이게 한 뒤 방심한 먹잇감을 빠르게 공격하여 사냥해요.

쉬지 않고 사냥해요. 먹어 치우는 곤충의 양이 상당해요.

모기, 파리, 벌, 나비 등을 먹어요.

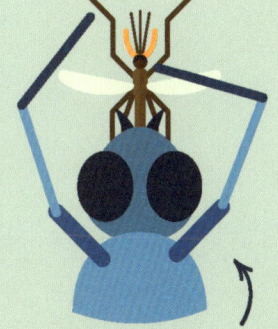

먹잇감을 몸 아래쪽으로 잡고 다리로 공격해요.

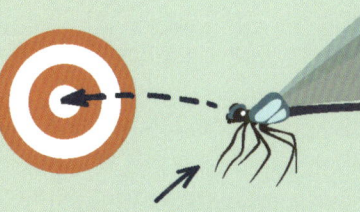

머리는 먹잇감을 조준할 수 있는 지점에서 유지하고, 몸은 최상의 포획 방향을 잡기 위해 계속 움직여요.

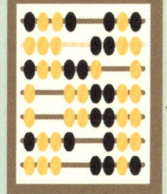

매우 똑똑해요. 학습 능력이 뛰어나서 사냥 기술을 연마해요.

번식

암컷은 물 속이나 물가, 물 위에 떠 있는 식물 위에 알을 낳아요. →  → 애벌레가 알을 깨고 나와요. 애벌레는 모기 애벌레를 먹어요. → 이 기간이 **2개월에서 5년까지** 걸릴 수 있어요. → 알에서 깬 애벌레는 변태 과정을 거쳐 어른벌레가 되어 날기 시작해요.

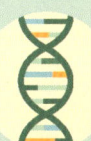 학명: Odonata |  먹이 종류: 육식 |  거주 환경: 하늘 |  보전 상태: 최소관심

기대 수명

최대 10년
5-10년 정도 살아요.

최대 4미터
몸길이는 2-4미터 정도예요.

최대 650킬로그램
몸무게는 최대 650킬로그램 정도로 암컷이 더 커요.

정온성 → 체온을 일정하게 조절해요.

변온성 → 주변 환경에 따라 체온이 변해요. 황새치는 변온 동물이에요.

등지느러미

수심 200-800미터까지 내려가요.

낮 동안에는 바다 깊은 곳에서 지내고 밤이 되면 수면으로 올라와요.

위턱 ↙

위턱이 긴 칼처럼 생겼어요.

등 쪽은 짙은 파란색, 배 쪽은 은색, 회색, 밝은 갈색을 띠어요.

가슴지느러미

시속 **100**킬로미터
시속 100킬로미터로 헤엄칠 수 있어요.

북태평양에 서식하는 개체는 대서양과 지중해의 개체보다 몸이 더 길어요.

황새치
긴 위턱으로 먹잇감을 기절시켜요

생물 분류
문: 척삭동물문
강: 조기어강
목: 돛새치목

수면 위로 뛰어오르는 속도로 앞으로 나아갈 수도 있어요.

움직임이 매우 민첩하고 빨라요.

위턱은 먹이 사냥에 좋은 무기예요.

먹이를 찾아 따뜻한 바다와 차가운 바다를 혼자서 이동하며 살아요.

물고기 한 마리를 통째로 삼키기도 하고 조각내서 먹기도 해요.

등지느러미

물고기 떼 주위를 헤엄쳐 다니다가 긴 위턱으로 세게 쳐서 기절시킨 뒤 잡아먹어요.

꼬리지느러미

꼬치고기, 고등어, 대구, 참치, 오징어, 갑각류를 먹어요.

뒷지느러미

몸이 원통형이며 끝으로 갈수록 좁아져요.

번식
난생 동물

따뜻한 바다에서 번식해요.

암컷은 알을 낳고 수컷은 알 주위를 헤엄쳐 다니며 수정시켜요.

지리적 분포

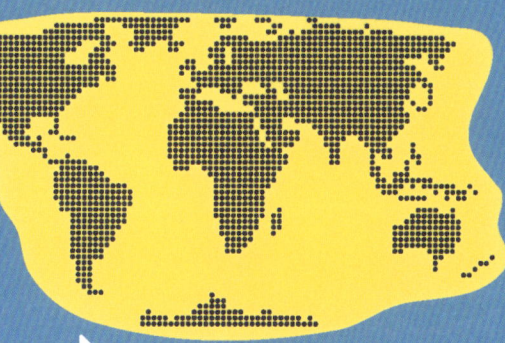

서식지
세계 각지의 대양에 널리 분포하며 열대와 아열대 및 온대 해역을 선호해요.

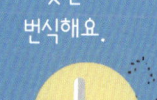

알에서 깨어난 새끼의 몸길이는 **4밀리미터** 정도 돼요.

성장할수록 몸이 유선형으로 길어져요.

전 세계 모든 바다에 분포해요.

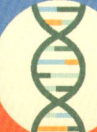 학명: Xiphias gladius

 먹이 종류: **육식**

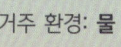 거주 환경: **물**

 보전 상태: **최소관심**

까마귀
틈틈이 기회를 엿봐요

현재 40여 종이 발견되었어요.
종마다 소통 방식이 달라요.
여기서는 큰까마귀를 기준으로
알아볼 거예요.

부리
검은색의 부리는 강하고
튼튼하며 휘어졌어요.

새끼 까마귀의 눈동자 색깔은
회색빛이 도는 파란색이며,
자라면서 짙은 갈색으로 변해요.

깃털은 파란빛과 보랏빛이 도는
짙은 까만색이에요.

최대 70 센티미터
몸길이는 50-70센티미터 정도예요.

기대 수명
최대 15년
10-15년 정도 살아요.

가슴과 배, 머리 쪽의
깃털 색이 흰색이나
회색인 개체도 있어요.

추운 지역에 사는 까마귀가
더운 지역에 사는 까마귀보다
더 커요.

최대 1.7 킬로그램
몸무게는 700그램-
1.7킬로그램 정도예요.

깃털은
꼬리 쪽이
더 길어요.

날개폭은
115-160센티미터
정도예요.

생물 분류

문: 척삭동물문
강: 조강
목: 참새목

조류 중에서 뇌가 가장 큰 편에 속해요.

특정 소리나 다른 새들의 노랫소리, 심지어 인간의 말까지 흐릿하게나마 흉내 낼 수 있어요.

날갯짓할 때 자기만의 고유한 울음소리를 내요.

까옥까옥

정말 똑똑해요.

동족과 우정을 쌓고 서로 소통할 줄 알아요. 돌멩이나 나뭇가지로 무언가를 만들어 내고, 자기를 괴롭힌 동물을 기억하고, 문제를 해결하며, 장례식 같은 의식을 행할 수 있어요.

매우 사회적인 새로서 늘 가족들과 함께 있어요.

잘 때 많게는 **200마리** 정도가 모여 함께 자요.

하루에 최대 1 킬로그램까지 먹을 수 있어요.

사냥할 때는 꼭 짝을 지어 움직여요. 서로 협력하여 먹잇감을 굴이나 둥지에서 몰아내요.

효과적인 사냥을 위해 먹잇감에게 가까이 다가가 관찰해요.

썩은 고기, 작은 동물들, 양서류, 물고기, 알, 다른 새의 새끼, 씨앗, 열매 등을 먹어요.

힘들여 사냥하지 않고, 기운이 없거나 아픈 동물을 찾아 공격해요.

지리적 분포

북아메리카와 중앙아메리카, 유럽, 아시아 대부분, 북아프리카에 분포해요.

서식지

산, 북반구의 숲, 해안 절벽, 툰드라 지역, 사막, 농촌 등에 살아요.

번식

일부일처제예요. 수컷과 암컷은 평생 같은 장소에 둥지를 지어요.

암컷은 알을 3-7개 정도 낳아서 18-21일 동안 품어요.

21

새끼들은 태어난 지 **5-6주** 정도 지나면 날 수 있고, 6개월 동안 부모 곁에 머물러요.

학명: **Corvus corax** | 먹이 종류: **잡식** | 거주 환경: **하늘** | 보전 상태: **최소관심**

해달
앞발로 사냥해요

현재까지 3아종이 발견되었어요. 몸 크기, 두개골과 치아 구조가 달라요.

뛰어난 후각으로 포식자가 접근하는 걸 알 수 있어요.

털은 매우 굵고 빽빽하게 나 있고, 물에 젖지 않아요.

털과 피부 사이에는 공기층이 형성되어 있어요.

등 쪽은 회갈색, 배 쪽은 회색을 띠어요.

기대 수명

최대 20년

15년에서 20년 정도 살아요.

최대 1.4 미터

몸길이는 1.2-1.4미터 정도예요.

최대 45 킬로그램

몸무게는 14-45킬로그램 정도예요. 수컷이 더 커요.

40 미터

먹이를 잡기 위해 수심 40미터 깊이까지 잠수하기도 해요.

몸통은 길쭉하고 통통해요. 다리는 짧아요.

해양 포유류 중 가장 작아요.

헤엄칠 때 **시속 9킬로미터**까지 속도를 낼 수 있어요.

생물 분류

문: 척삭동물문
강: 포유강
목: 식육목

지리적 분포

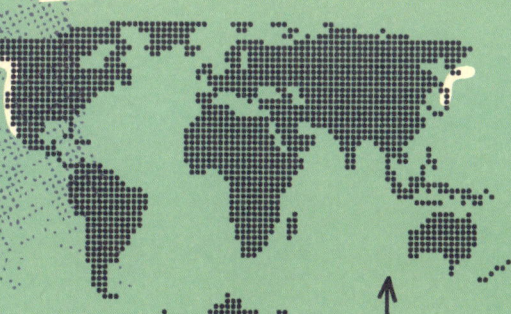

서식지
바위가 많은 해안, 해초가 있는 잔잔한 바다, 암초, 수심 15-20미터 정도의 바닷가에서 살아요.

북태평양 연안, 일본에서 시작하여 멕시코 바하칼리포르니아반도 중부까지 이르는 해안 지역에 분포해요.

번식

짝짓기가 이루어지면 **4-20개월** 동안 임신해요.

새끼는 한 마리 태어나며 생후 **8-12개월** 정도 어미가 먹이를 먹여요.

먹이를 찾을 때는 최대 5분 정도 잠수해요.

동성끼리 **최대 100마리** 정도 모여 바닷가에서 지내요. 해류에 휩쓸리지 않으려고 해초를 몸에 감고 자요.

조개를 바위에 부딪쳐서 딱딱한 껍데기를 깰 수 있어요.

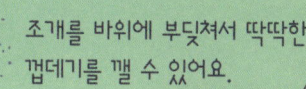

양 앞다리 밑에는 먹이 사냥을 위해 잠수할 때마다 먹잇감을 보관하는 작은 주머니가 있어요.

포유류 중 털이 가장 조밀하게 나 있어요.
1평방인치당 백만 가닥 정도지요.

평소에는 수면에 등을 대고 둥둥 떠 있으며, 다리와 꼬리를 노처럼 저어 움직여요.

연체동물, 갑각류, 조개, 게, 작은 물고기, 불가사리를 먹고 살아요.

평생 물속에서 살 수 있어요.

다리
발가락은 다섯 개씩이며, 발톱은 매우 강해요. 다리에 얇은 막이 있어 헤엄칠 때 추진력을 낼 수 있어요.

꼬리
꼬리는 짧고 넓적하며 근육질이에요.

| 학명: Enhydra lutris | 먹이 종류: **육식** | 거주 환경: **물** | 보전 상태: **위기** |

지리적 분포

아프리카, 마다가스카르, 유럽 남부, 스리랑카, 인도 남부, 아시아에 분포해요.

서식지
숲, 습한 평원, 산, 정글, 사막, 대초원 등지에 살아요.

팔레오세 화석이 널리 알려져 있어요.

귀가 없어요. 공기 중의 진동으로 소리 주파수를 감지해요.

고개를 움직이지 않고도 360°를 볼 수 있어요. 양 눈을 따로 움직일 수 있고, 멀리까지 볼 수 있어요.

1 킬로미터 거리에 있는 물체를 정확하게 볼 수 있어요.

종마다 머리에 뿔이나 긴 볏, 튀어나온 코 등이 있어요.

발 모양이 경첩 같아서 나뭇가지를 단단히 붙잡을 수 있어요.

기대 수명

최대 80 센티미터
몸길이는 2.2센티미터-80센티미터까지 종마다 다양해요.

최대 500 그램
몸무게는 10그램-500그램 정도예요. 수컷이 더 크고 쉽게 눈에 띄어요.

최대 15년
5-15년 정도 살아요.

✘ **앞발**
앞발 두 개는 다섯 개의 발가락이 안쪽 세 개와 바깥쪽 두 개로 갈라져 있어요.

✘ **뒷발**
뒷발 두 개는 다섯 개의 발가락이 안쪽 두 개와 바깥쪽 세 개로 갈라져 있어요.

카멜레온
혀를 빠르게 쭉 뻗어 먹이를 잡아요

전 세계에 200종 정도가 분포해 있어요.

이 중 40% 정도가 마다가스카르섬에 살고 있어요.

생물 분류
- 문: 척삭동물문
- 강: 파충강
- 목: 뱀목

피부는 단단해요. 몸 색깔을 변화시키는 색소와 비늘로 덮여 있어요.

약 15-20초 사이에 몸 색깔을 바꿔요. 색깔 변화는 의사 전달, 번식, 위장, 사냥 등을 위해 사용해요.

매우 느리게 움직여요.

혀끝은 축축한 빨판처럼 먹잇감을 낚아요.

혀를 쭉 뻗어 곤충을 잡아먹는 데 0.05초도 안 걸려요.

혀는 끈적끈적하고 길어요. 자기 몸보다 더 길어요.

사냥할 때는 움직이지 않고 먹잇감을 기다려요. 은밀하게 먹잇감을 감지하고, 미사일처럼 혀를 발사해요.

꼬리는 무언가를 거머잡기 알맞으며 몸의 무게를 지탱할 수 있어요.

번식
알을 낳아요.

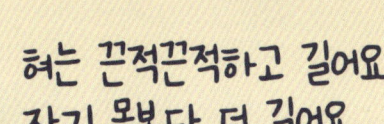

적이 눈앞에 나타나면 몸을 더 크게 부풀려요. 척추를 곧추세워 목을 늘이고, 꼬리를 말아요.

곤충, 작은 포유류, 새, 식물의 싹, 꽃, 과일 등을 먹고 살아요.

암컷은 구덩이에 알을 낳아요.

알은 2-200개 정도 낳아요. 개수는 종에 따라 달라요.

4-24개월 정도 품어요.

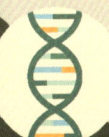 학명: Chamaeleonidae  먹이 종류: 잡식  거주 환경: 땅  보전 상태: 위기

살기 위해서는 모두가 사냥꾼

자연은 살아남기 위해 싸움을 벌이는 전쟁터예요. 생태계에 존재하는 모든 유기체는 서로 의존할 수밖에 없지요. 사냥 기술도 서로 연관되어 있어요.

포식자는 배를 채우고 살아남기 위해서 다른 생물, 즉 먹잇감을 사냥해야 하는 생물이에요. 동물의 왕국에서 포식자와 먹잇감은 다양한 사냥 기술로 관계를 맺어요.

함정 / 유인 / 위장
어떤 포식자들은 먹잇감이 될 동물들이 눈치채지 못하고 지나쳐 버리는 함정을 만들거나, 미끼를 이용해 먹잇감을 유인해요. 위장 전술을 펼쳐 몸을 감쪽같이 주변 환경에 숨기기도 하지요.

악어

혼자서 / 무리 지어서
혼자 다니는 포식자는 사냥할 때도 혼자예요. 그래야 사냥에 성공할 확률이 더 높기 때문이지요. 무리 지어서 사냥하는 포식자들은 사회성이 높은 편이며, 서로 다른 지점에서 먹잇감을 노리다가 무리와 합쳐요.

곰 퓨마 말벌

매복 / 추격
매복, 즉 숨어 있다가 사냥하는 포식자들은 몸을 숨기고 먹잇감이 다가오기를 참을성 있게 기다려요. 피곤하게 먹잇감을 쫓아 다니지 않지요. 그들은 아주 은밀하게 사냥해요. 한편 먹잇감을 추격하여 사냥하는 포식자들은 지쳐 쓰러질 때까지 적극적으로 쫓아다녀요.

뱀 오징어

땅에서 / 하늘에서
땅에서 사냥하는 새들은 먹잇감이 우왕좌왕 갈피를 잡지 못하고 자신에게 덤벼들 때까지 기다려요. 하늘에서 사냥하는 새들은 높은 곳에서 먹잇감을 탐색하고 적절한 순간이 다가오길 기다려요.

홍학 칼새

이 책을 읽고 더 많은 게 궁금해졌나요?

국립생태원
www.nie.re.kr

국립중앙과학관
www.science.go.kr

국립생물자원관
www.nibr.go.kr

국립과천과학관
www.sciencecenter.go.kr

떼를 지어 사냥하는 동물이 있는가 하면 혼자서 사냥하는 동물도 있어요. 사냥하는 방법은 다양하지요. 잠복하며 기다리고, 무자비한 힘과 빠른 속도를 이용하는가 하면 함정을 만들고 미끼를 사용하며 위장술을 펼쳐 주변 환경에 몸을 숨기기도 해요.

해마 문어 거미 병정개미 돌고래 하이에나 개구리 백상아리 재규어 불가사리 여우 부엉이 백조 황새 오리 매

함정 / 유인 / 위장

혼자서 / 무리 지어서

매복 / 추격

땅에서 / 하늘에서

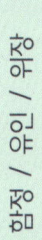

생물학연구정보센터
www.ibric.org

국가 생물다양성 정보공유체계
www.kbr.go.kr

국립해양생물자원관
www.mabik.re.kr

세계자연기금 한국본부
www.wwfkorea.or.kr